Die Fibel mit dem Luftballon

Bayerischer Schulbuch-Verlag · München

Die Fibel mit dem Luftballon
von Isolde Wölker und Erika Zahn
beratende Mitarbeit: Hanna Grüger-Popp

Illustration, Umschlag und Layout:
Gunnar Matysiak
Illustrationen auf den Seiten 86, 88, 89,
92, 93, 98, 100 – 102, 107 – 121, 124:
Marie-Jeanne Grasser

Gedruckt auf chlorfrei gebleichtem Papier

1992
1. Auflage
© Bayerischer Schulbuch-Verlag
Hubertusstraße 4, 8000 München 19
Satz: Fotosatz Sporer KG, Augsburg
Reproduktion: Ernst Wartelsteiner GmbH, Garching
Druck: Appl, Wemding
ISBN 3-7627-2410-5

ich bin Flup

zum Vorlesen

ich bin Flup
wische wup
und ich husche
wische wusche
in die Jacke
wische wacke
untern Tisch
wische wisch
und ins Buch
wische wuch

zum Vorlesen

Springt da was Rotes
– flup! –
aus deinem Ranzen.
Weißt du, was es will?
Setzt es sich mucksmäuschenstill
zu den Kindern,
oder will es
– flup! –
Sachen machen
zum Lachen?
Will es lesen,
will es schreiben,
oder will es
– flup! –
Unsinn treiben?
Will es den Uli zwicken,
im Papierkorb rumoren
und Eselsohren
in Bücher knicken?
– flup! –
Oder hört es gut zu –
so wie du?

a am ➔ am

Flup ist am

Flup ist am

Flup ist am

Flup ist am

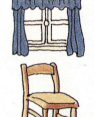

wo ist Flup

M Ma Mam Mama ➔

M Mo Mom Momo ➔

O Om Oma ➔

Mama
Mam
Ma
M

zum Vorlesen

Momo Momo mo
Momo Momo ma
ich bin Momo
ma mo mo
ich bin Flup
wische wup

wo ist Momo
wo ist Flup
Momo ist am
Momo ist am

li li li

Flup ruft
l i i i Mimi
das ist ein Igel

Ii

Kommt mit!

m mi mit → Evi, komm mit!
Hans, komm mit!
Otto, komm mit!
Komm mit, Tom!
Komm mit, Uta!

T To Tom → Tom   T Ti Tim →

O Ott Otto →

Tim Mama

Evi und Tina lesen.
O, da kommt Emil,
und da kommt der Esel,
und da kommt Momo.

Ee

Tomito und der Esel Emma

zum Vorlesen

Esel mesel mot
gebt den Kindern Brot
Esel mesel me
gebt dem Esel Klee

Wo ist der Esel?

Ist der Esel am ?

Ist der Esel im ?

Ist der Esel im ?

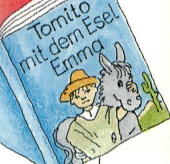

Tomito kommt mit dem Esel.

To Tom Toma Tomat Tomate

E Emm Emma

Tomate Tomito
Tomate Tomito

Tomito mit Tomate

Uta
Ute

Emma
Emmi

Uuu

Uta und Suse rufen:
U u, Flup! U u!

Uu

Rita ruft:
Maria, Maria, nicht!
Flup ruft: Maria, nicht!
Er ruft und ruft.

Rr

Flup kommt mit Pu.

P Pu Pum Pump Pumpe

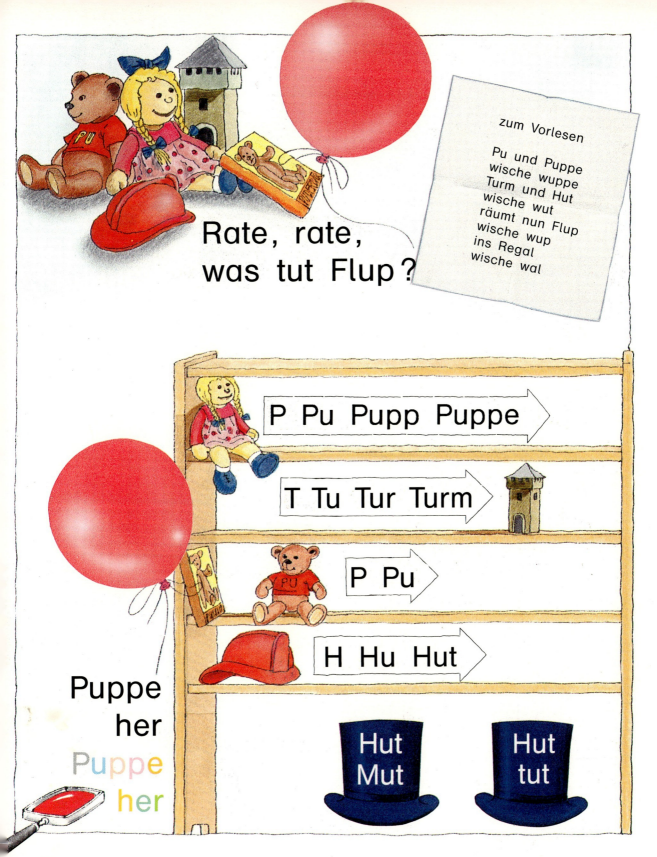

Ruhe! Ruhe!

a all alle
m ma mal malt
R Ro Roll Rolle Roller
H Hi Himm Himme Himmel
h ho hol hole

halt halt

Immer Herr Toller!

Herr Toller ist alt.

Uli malt Lotte mit einem roten Roller.

Maria malt einen Himmel, einen Turm, ein Tor und einen Esel.

Lotte ist ein Esel

Suse Toller kommt mit Hans.
Herr Toller ist so matt.
Suse holt einen Teller Suppe.
Hans holt eine Tasse Tee.

Ss

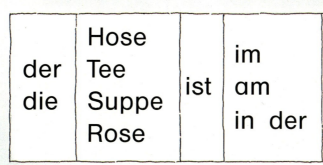

Die Rose ist in der Tasse.
Die Suppe ist im Hut.
Der Tee ist im Teller.
Die Hose ist in der Suppe.

Flup
Flup holt
Flup holt den
Flup holt den Salat.

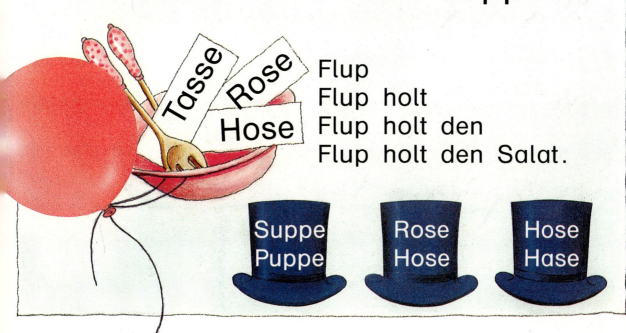

Flup ist im Hof.
Kommt da Fips
mit Tom und Tina?
Halt! Fips, halt!
Fips ist fort.
Flup hilft.
Flup holt Fips.

Ff

Alle gehen in den Hof.
Tom ruft:
   Ich hole  :

ein Foto mit Tina und Suse und Fips, ein Foto mit Hans und Tom und Fips, ein Foto mit Fips und Flup. Wo ist Flup?

zum Vorlesen

für den Fips
zwicke zwips
einen Floh
zwicke zwo
in das Fell
zwicke zwell
auf die Pelle
zwicke zwelle
zwicke zwup
von Flup

falle
falle

Fell
hell

falle
Halle

Hof
Ho
H
Hu
Hut

Hoppe, hoppe, Reiter,
Reiter auf der Leiter,
trippel, trapp,
trippel, trapp,
leise, Reiter, leise,
komm mit auf die Reise.

Armer Reiter,
　　　eile heim,
　　　　　Reiter, Reiter,
　　　　　hole Leim!

Feile
Feile

teile
Feile

Reiter
Leiter

leise
Reise

Heho, heho,
pam pata pam,
kommt der Reiter.
pam pata pam.
Auf dem Eise
leise, leise,
pim piti pim,
piti pim pim pim.

Nanu, Tina!
So ein Nebel!

Ist das Hans?
Ist das eine Tonne?
Ist das eine Laterne?
Ist das ein Mann?

Nn

Was kommt in das Paket?
Eine Kette für Oma,
ein Kissen für Opa.
Ich male eine Karte.
Ich hole Futter für Kater Mori.

Uta, da ist eine Maus.
Tina, da ist ein Puppenhaus.
So einen Esel hat Paul.
So einen Affen hat Klaus.
Frau Lomer kauft ein Auto.
Was tut Flup?

Au au

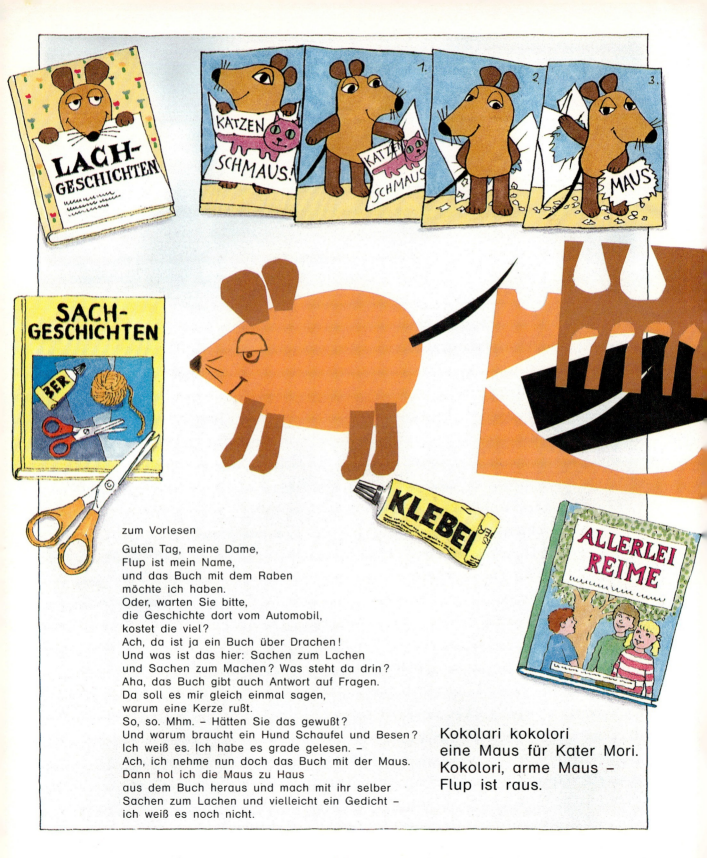

zum Vorlesen

Guten Tag, meine Dame,
Flup ist mein Name,
und das Buch mit dem Raben
möchte ich haben.
Oder, warten Sie bitte,
die Geschichte dort vom Automobil,
kostet die viel?
Ach, da ist ja ein Buch über Drachen!
Und was ist das hier: Sachen zum Lachen
und Sachen zum Machen? Was steht da drin?
Aha, das Buch gibt auch Antwort auf Fragen.
Da soll es mir gleich einmal sagen,
warum eine Kerze rußt.
So, so. Mhm. – Hätten Sie das gewußt?
Und warum braucht ein Hund Schaufel und Besen?
Ich weiß es. Ich habe es grade gelesen. –
Ach, ich nehme nun doch das Buch mit der Maus.
Dann hol ich die Maus zu Haus
aus dem Buch heraus und mach mit ihr selber
Sachen zum Lachen und vielleicht ein Gedicht –
ich weiß es noch nicht.

Kokolari kokolori
eine Maus für Kater Mori.
Kokolori, arme Maus –
Flup ist raus.

Flup ist im Park.
Laub ist im
Brunnen,
unter der Bank
und im Korb.
Aber am
Baum
ist nur ein
Blatt.

Ich blase,
ich treibe das Blatt.
Aber das Blatt
bleibt oben.

B b b b bibber bibber

Bb

O o, alles ist zu klein!

Wo ist mein Blatt? Das Blatt ist ab.

Mami, bitte die blaue Bluse mit den Hasen und den bunten Blumen!

Ich bleibe bei der braunen Hose.

Hab im Traum
ein Bett im Baum.
Blatt, so rot, so rot,
bist mein kleines Boot,
und ich reise
leise, leise
im Traum im Baum
im bunten Blatt.

Wip wap wup kauft bei Flup!

Kommt alle herein kauft ein, kauft ein,
nur kein Wasser
nur keinen Wein!

kauft Birnen im Turm
preiswert, mit Wurm!

Birnen und Brot
macht Nasen rot.

Rira rira ratte
Flup ist eine
Leseratte

Rate!
kl_ein ist m_ein
f_ein ist B_ein
r_

Lerne lesen mit Flup
heben Haus die ist raus
haben Laus
leben Maus

Ich mache einen Apfel-Wicht.

<u>Welche Sachen brauche ich?</u>
Einen Apfel für den Bauch,
Watte für Bart und Haare,
für die Arme
und eine für den Kopf.

<u>Was brauche ich noch?</u>

<u>So mache ich es:</u>

ch

Wochenblatt Nr. 51

die Seite für die Kleinen

WOCHENBLATT

Sucht mit uns!
Ratet mit uns!
Reimt mit uns!
Lacht mit uns!

Ach, der Wicht
braucht noch ein Licht
Etwas um den Bauch
braucht er auch.

Wenn die Nacht kommt

Warte nicht,
mach an das Licht.
Es kommt die Nacht,
hab acht, hab acht.
Mach an das Licht,
mein kleiner Wicht.

Eine freche Maus
macht das Lichtlein aus,
Es raucht das Licht,
es faucht der Wicht.

Tina schaut in die Tasche.
Wo ist die Flasche?
Ach, die Flasche ist nicht da.
Aber da ist die Flasche, ruft Maria.
Sie holt die Flasche
aus der Ente. Toll, Maria!
Platsch! Lauter Scherben!
So so, Maria!

Schwipp, schwapp! Schwupp!
Was macht Flup?

Sch sch

Tom, Tina und Pepe bemalen Steine.
Maria staubt ab.
Maria staubt die Ente ab.
Maria staubt eine Flasche ab.
O, o, o!
Nun kommt der Lappen um die Flasche.
Maria stellt die Flasche in die Ente.
Schau, schau!
Alle staunen.

St st

Tom und Tina, Pepe und Maria
machen Tiere aus Lappen.
Auf einmal ruft Maria: Pieps, pieps, pieps.
Wuff, wuff, wuff, macht Tom
mit tiefer Stimme.
Meine Maus ist lieb, ruft Maria.
Ich steche
die Maus,
ruft Tina da.

ie

Schau, wie die Tiere hier toben!

Tina ist eine Riesen-Biene.
Maria macht immer wieder:
Pieps, pieps, pieps!
Pepe wiehert und niest.
Was für ein Tier ist er?
Was für ein Tier ist Tom?

Brief
Brief
niest
niest

niesen
Riesen

Tier
hier

zum Vorlesen

hier schreibt Flup
wische wup
einen Brief
wische wief
an die wilden Kerle
zwicke zwacke zwerle

Flup weiß,
wo auch so laute
Kerle toben.
Er holt das Buch.

Auf der Insel
weit, weit fort,
leben solche Kerle.
Sie beißen nicht.
Sie reißen nicht.
Sie machen bloß
ein bißchen Spaß.

spaßt   spaßt
frißt   frißt

ß

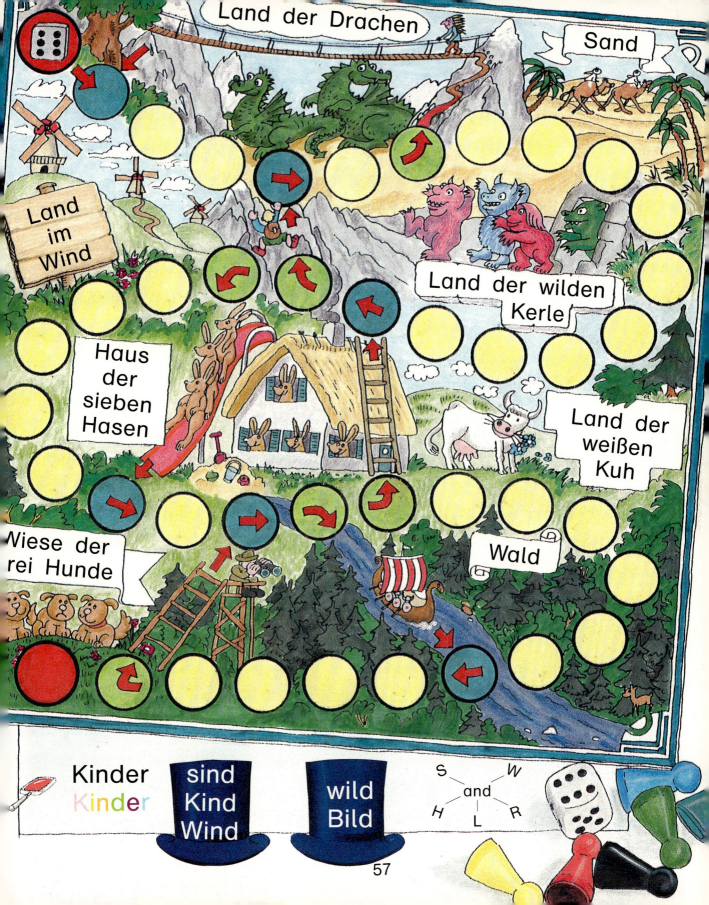

Es ist glatt, eisglatt!
Da kommt Gabi!
Aus dem Weg!
Gabi fegt
wie der Wind dahin.
Augen auf
und aus dem Weg!
Da liegen die großen Buben.

Gg

So ein Ärger!
Schau dir den Ärmel an!
Den muß Mama wieder nähen.
Wenn ich nur aufgepaßt hätte,
denkt Gabi.

Horch, sagt Tina,
wie die auf den
Ästen lärmen.
Ach, sagt Gabi,
die streiten sicher.

Ä ä

Was ist denn da drinnen los?

klick knack
klack

Dicke Backen klicken und klacken, knicken und knacken.

ck

Flup langt nach einem Buch.

Flup angelt nach dem kleinen Engel.

Es dauert nicht lange. Der kleine Engel fliegt herein.

Kleiner Engel, fang an! Bitte, bring den Nußknacker wieder in Ordnung!

ng

Schau, Vati, ein Vogel!
Dieser Vogel pickt nur weiche Kerne auf.
Evi horcht: Pink dididi.
Aber so hat er vorhin gerufen: Pink pink.
Da beginnt er von vorne: Pink dididi.
Nun kommt noch ein Vogel. Tui tui.
Vater holt das Vogelbuch.

Vv

Die Rettung

Vorsicht! Vorsicht!
Das Nest mit dem kleinen Vogel!
Brav, kleiner Engel!
Vielen, vielen Dank!
Du hast einen Orden verdient!

vorne
vorne
Vorsicht
Vorsicht

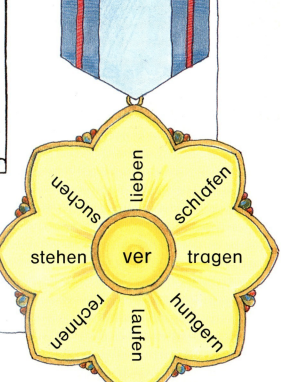

Herein! Herein! rufen Zibi und Zobi.
Schau, da ist Bella.
Sie verteilt Zettel aus einem Hut.
Nun ist das große Zelt ganz voll.
Tim-ta-ta-ta, tim-ta-ta-ta, Tusch!
Der große Zauberer Zampano tritt auf.
Alle sind ganz still.

Zirkus

Hokus pokus, eins zwei drei,
Zaubertauben, kommt herbei!

Zz

Eine Party bei Tom und Tina

Die Kinder spielen Zirkus.
Yvonne und Lydia kommen
als Kamel herein.
Schau Teddy, ein Pony!
Auf dem darfst du reiten.
Abrakadabra
simsalabim!
Maria zaubert eine Micky Maus
aus dem Zylinder.

Yy

Flup will faxen.

Flup lernt aus dem Lexikon:

Flup malt und schreibt. Er faxt mit dem Telefax.

Was schreibt Flup?

Xx

Die kleine Hexe

Die kleine Hexe lernt im Hexenbuch.
Der Rabe Abraxas schaut zu.
Die kleine Hexe will einen Regen hexen.
Abrakadabra, sagt die kleine Hexe. Regne!
Hu! Was ist das? Butter-Milch! Es regnet Butter-Milch!
Ha, ha, lacht der Rabe Abraxas,
Gestern hat es geregnet.
Vorgestern hat es geregnet.
Was willst du noch regnen lassen?
Ich habe mich wieder verhext, sagt die kleine Hexe.

nach Otfried Preußler

Hexen sind klug.
Auch Tina ist klug.
Übung macht den Meister.

Ich bin die Hexe Wurzelmix
und koch das Süppchen Zauberfix.
Xirr! Xirr!
Klirr! Klirr!
Schnix di gax,
Schnex di gex,
ruft die Hex.

Küchen-Hexen-Buch für Tina

Gemüse + Salz + Wasser + Kümmel = Gemüsesuppe

Flocken + Nüsse + Honig = Müsli

Grüner Salat + Würze = Salat

Mama ist müde.
Da sagt Tom:
Wünsche dir was!
Mama wünscht sich
grüne Nudeln.
Tom ruft:
Küchen-Hexe,
eins zwei drei,
komm herbei!
Da kommt Papa und macht
für alle grüne Nudeln.

Ü ü

So war das Zimmer vorher.

Ist das ein neues Zimmer?
Es sieht heute ganz anders aus.

Mama lacht: Ratet.
Was ist denn hier neu?

Mamas Augen leuchten.
Sie freut sich.
Tina ruft:
Das neue Mini-Büro!

Eu eu

So ist das Zimmer heute!

Was ist denn mit der Pflanze los?
Tom klopft an den Topf.
Hallo, geht es dir nicht gut?
Da fällt ein Blatt ab.
Pf, pf, pf, macht Flup.

Da holt Tina einen großen Topf Wasser.
Viel Wasser, sagt Tom.
Nicht bloß ein paar Tropfen.
Die Pflanze trinkt und trinkt.
Dann macht sie einen kleinen See.
Pfui, sagt Flup.
Das verdampft, sagt Tom.

Pf pf

Beinahe zu spät!

Um zehn Uhr soll Pepe bei Tom und Tina sein.
Maria will auch mit.
Das geht nicht, sagt Pepe.
Heute ist Probe.
Ich muß mich sehr eilen.
Du kannst doch fernsehen.
Nein, Maria will mit Pepe gehen.
Sie hat schon die Schuhe an.
Wehe, du bleibst immer stehen, sagt Pepe.
Da saust Maria zu Papa.
Nun ist es gleich zehn Uhr.
Was erzählt Maria dem Papa?
Da kommt Maria mit Papa.
Komm, Pepe, sagt Papa.
Ich fahre euch zu Tom und Tina.

Bei Tom und Tina ist Theater-Probe.
Sie spielen:

Der Bösewicht.

Pepe ist der Bösewicht.
Er stört Menschen, Tiere und Pflanzen.
Er will das ganze Land zerstören.
Heute hat er alles Wasser ölig gemacht.

Der König und die Königin hören es
von den Fröschen.
Die Minister beraten.
Sie haben von einem Zaubersalz gehört.

Suse ist eine gute Fee.
In einem Körbchen bringt sie das Zaubersalz.
Damit erlöst sie das Wasser.
Aber was ist mit dem Bösewicht?

Ö ö

Die Stühle stehen in einer Reihe, und quer durch das Zimmer geht ein Vorhang. Die Gäste machen es sich bequem. Tina tritt vor den Vorhang.

Sie sagt:
Meine Damen und Herren, die Froschkinder – Quatsch! – die Kinder singen das Lied der Frösche.
Alle lachen.
Hans kann nicht aufhören.
Er lacht und lacht.
Er quiekt: Die Froschkinder singen.
Da fängt Suse leise an:
Quak quak quakquakquakquakquak quak quak.

Alle singen mit, auch die Erwachsenen.
Suse, du bist wirklich eine gute Fee!

Qu qu

Gregor, warum bist du nicht beim Theaterspielen?
Gregor will gleich gehen.
Nur noch ein bißchen fernsehen.

> 14.00 Uhr
> Ein Chor singt Lieder aus England
> 15.00 Uhr
> Christa und der Löwenzahn
> 16.00 Uhr
> Eine Reise durch China
> 18.00 Uhr
> Sport

Ach, Gregor!

Ritze kritze,
ratze kratze,
das ist meine
schwarze Katze
mit der weißen Tatze.

Schau, Otto. Das ist Mori.
Mori putzt sich.
Tina setzt sich neben Mori
und schmust mit ihr.
Mori schnurrt, r r r r r r.
Otto will Mori nehmen.
Plötzlich kratzt und faucht Mori.
Du Kratzbürste, sagt Otto.
Da sagt Tina:
Mori hat nur nein gesagt.
Ich mag auch nicht immer schmusen.
Ich auch nicht, denkt Otto.
Tina hat recht und die Katze auch.

tz

Fips ist am Fenster.
Er schaut dem Krankenwagen nach.
Wohin ist Herrchen gegangen?
Fips jammert.
Er legt sich auf die Jacke von Herrn Toller.
Kommt da jemand?
Ein Junge klopft an die Tür.
Das ist Murat.
Er wohnt seit gestern gegenüber.
Fips springt an der Tür hoch und jault.
Aber Murat kann ja nicht herein.
Wer sorgt nun für Fips?

Jj

Murat ruft Papa und Mama.
Jeder sagt etwas auf türkisch.
Nun ruft Murat: Gül! Gül!
Die große Schwester kommt heraus,
und jetzt hört Gül das Gejammer und
Gejaule.

Sie sagt:
Was ist los, Fips?
Hallo, Herr Toller!
Das ist ja seltsam.

Dann geht sie die Treppe hinunter
und klingelt bei Tom und Tina.

Es läutet. Tina geht zur Tür.
Draußen steht das Mädchen von oben.
Fips weint so, sagt Gül.
Tina lauscht.
Sie hört die seltsamen Geräusche.
Ist Herr Toller nicht da? fragt Tina.

Da kommt Suse Toller.
Sie läuft die Treppe hinauf,
und Tina und Gül laufen mit.
Suse sperrt auf, und Fips ist aus dem Häuschen.
Na, du kleiner Räuber, ruft Suse.
Fips springt und bellt und jault.
Gül lacht.

Wie heißt du? fragt Tina.
Ich heiße Gül.
Dann sagt sie noch etwas:
Wie? fragt Tina.
Da zeigt Gül auf den Namen an der Tür.
Das heißt auf deutsch:
schwarze Äuglein.

·Karakücükgöz·

Äu äu

Suse geht mit Fips spazieren,
und alle gehen mit:
Tom und Tina, Gül und Murat.
Sie kommen zum Spielplatz.
Pepe und Maria sind schon da.
Da sind wieder die großen Buben, sagt Pepe.
Wir wollen hier spielen, sagt Gül zu den Buben.
Sand spielen, sagt auch Maria.
Die Buben spotten:
    Wer spricht denn da?
    Ist das der freche Spatz da?
    Verschwinde, ehe es zu spät ist!
Fips schaut gespannt zu. Er spitzt die Ohren.
Dann springt er nach vorne und knurrt.
Jetzt hört der Spaß auf!
Mit einem Sprung sind
die Buben auf und davon.
Die Kinder lachen,
und Fips bellt.

Sp sp

Der Sandkasten ist ja voller Abfall!
Wie gut, daß Flup
ein bißchen hexen kann.

Da denken die Buben:
Komisch, was ist denn mit
uns los?
Sie sausen zurück.

Die Flasche
kommt in den Glas- .

Die Cola-Dose
kommt in den Blech- .

Die alten Comic-Hefte
kommen in den Papier- .

Die Schachtel von der 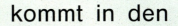 kommt in den .

Die Kinder
klatschen Beifall,
und die großen Jungen
verbeugen sich
und lachen mit.

Cc

Im Hof ist heute was los.
Jeder hat etwas mitgebracht.
Die Zitronen-Laibchen sind von Gül und Murat.
Pepe hat eine Pizza mitgebracht.
Was hat Maria in der Ente? Das ist Mais.
Den sollen Tom und Tina kochen.
Ist das da ein Haifisch? fragt Maria.
Nein, das ist ein Lampion, sagt Otto.
Die Kinder lachen.
Da ruft Tina: Herr Toller ist wieder da.
Alle schauen zum Fenster.
Herr Toller winkt und ruft:
Liebe Kinder, ich bin wieder gesund.
Ich freue mich ja so.
Da schweben viele bunte Ballons herunter.

M Ma Mai Mais

Mais   Kaiser
Mais   Kaiser

ai

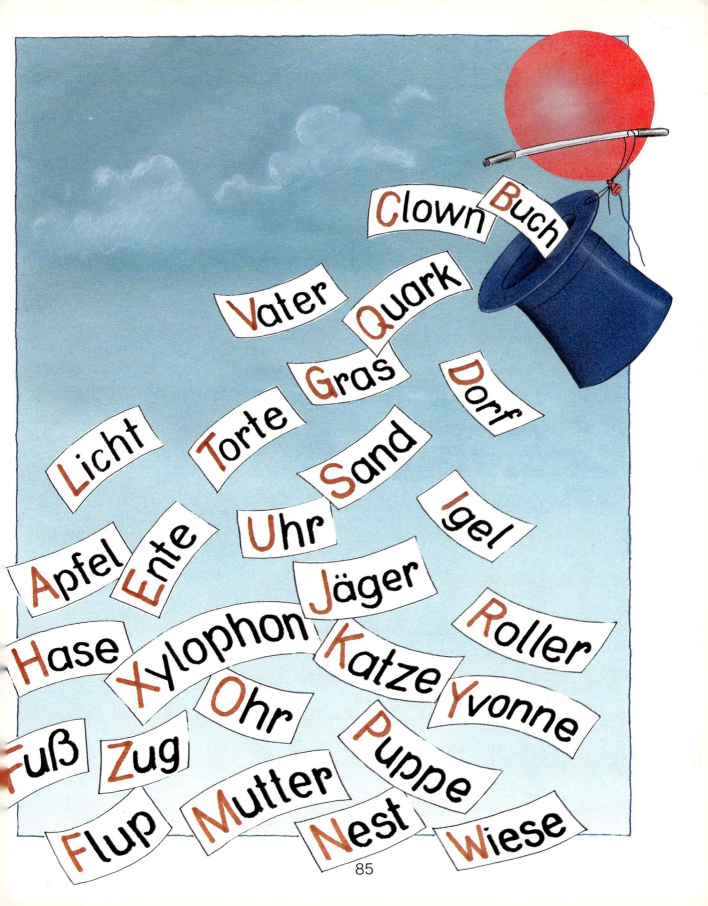

Laternen

Alle kommen mit Laternen.
Pepe, das ist eine feine Laterne!
Tina hat eine rote.
Meine Laterne ist lila, ruft Tom,
und da reimt Flup sofort:
Li-La-Li-La-Laterne,
komm mit mir in die Ferne!
Maria rennt heim.
Oh, da kommt sie mit einer tollen Laterne.

Was braucht der Schneemann?

Pepe kommt aus der Schule.
Wir haben einen Schneemann gemacht,
sagt Pepe.
Ich will auch,
sagt die kleine Schwester.
Ich male dir den Schneemann, sagt Pepe.

Die kleine Schneefrau

Was macht denn
die kleine Maria da?

Sie rollt den Schnee.
So. Noch eine Rolle.
Die Rollen aufeinander.
Kleine Steine.
Sie holt aus dem Schrank
eine Tasche,
einen Schal,
einen Schirm
und den Hut mit dem Schleier.

Papa, Mama und Oma
kommen heim.

Ist das da Maria?
Nein, eine Schneefrau. Wie nett!
Eine kleine Schneefrau!
Da ruft Mama:
Meine Tasche! Und mein Schal!
Oh, oh, oh, mein Hut, ruft Oma.
Papa lacht: Ist das nicht mein Schirm?
Maria schaut aus dem Fenster.
Pepe, ruft sie, alle schauen meine
Schneefrau an!

Frohes Fest

Michel malt einen Stern.
So, Punkt, Punkt, Komma, Strich.
Warum lacht der Stern nicht?
An Weihnachten sollen die Sterne lachen!
Michel malt weiter.
Nun hat der Stern silberne Haare.
Es hilft nichts. Der Stern bleibt ernst.
Michel nimmt ein Blatt
und malt noch einen Stern.
So, Punkt, Punkt, Komma, Strich.
Frohes Fest, Stern!
Aber der Stern lacht nicht.
Ach, was soll Michel nur machen?
Noch ein Blatt, noch ein Stern.
Lacht der Stern? Nein!
Michel, ins Bett! ruft Mama.
Mama hebt die Sterne auf.
Sie klebt alle auf ein Blatt.
Nun lachen sie!
Sie lachen, weil keiner mehr allein ist!
Frohes Fest, Michel!

Suchen und Finden

Hanni und Michel suchen Ostereier.
Michel findet sein Nest schnell.
Aber Hanni sucht und sucht.
Mama und Papa lachen nur.
Du mußt die Augen aufmachen, sagt Michel.
Hanni bekommt Wut. Mit dem Fuß
schubst sie das Kissen weg,
das da einfach auf dem Boden liegt.
Da – das Osternest. Es war unter dem
Kissen.

So, kommt, wir wollen unsere Ostereier
essen, sagt Papa.
Papa, Mama und Michel gehen an den
Tisch.
Hanni, wo bleibst du? ruft Mama.
Hanni ist auf einmal weg.
Komm, Hanni! ruft Papa.
Jch hole sie, sagt Michel.
Aber er findet sie nicht.
Papa, Mama und Michel wundern sich.
Nun suchen sie alle.
Hanni! Hanni! Keine Antwort.
Sie stehen ratlos im Flur.
Das gibt es doch nicht, sagt Mama.

Da kichert etwas in dem langen Mantel.
Dann schaut Hanni heraus.
Sie klettert aus den hohen Stiefeln, die
unter dem Mantel sind.
Da bist du! rufen alle.
Suchen heißt Augen aufmachen, lacht Hanni.

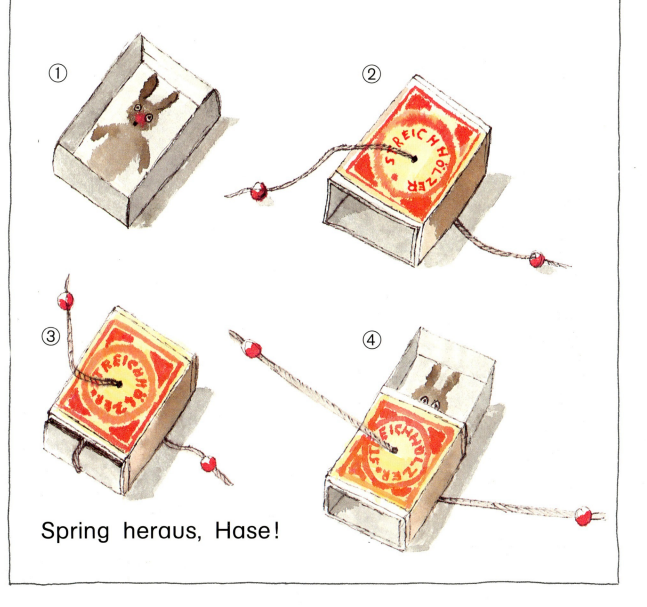

Spring heraus, Hase!

Etwas Schönes für eine Mark

Viele Kinder auf der Welt sind in Not.
Sie hungern und frieren.
Sie sind krank.
Sie haben keine Eltern mehr.
Im ganzen Land wird für Kinder in Not Geld gesammelt.
Vor der Kirche ist heute ein Basar.
Auf den Tischen sind lauter selbstgemachte Sachen.
Wer etwas kauft, hilft Kindern in Not.
Aber Maria hat nur eine Mark.
Für eine Mark gibt es nichts zu kaufen im Basar.
Aber mit einer Mark kann man etwas gewinnen.
Maria steckt die Mark in eine Dose.
Aus einem Korb nimmt sie ein Los.
Auf dem Los steht ein Wort.
Maria kann es nicht lesen.
Was hat sie gewonnen? Eine Puppe oder ein Tier aus Ton oder eine Kette?
Pepe, Pepe, ruft Maria.
Pepe kommt und liest. Nein, Maria, du hast nichts gewonnen, sagt er.
Schade. Aber auf dem Los steht doch ein Wort!
Pepe sagt: Das Wort heißt danke.
Danke, daß du geholfen hast, Maria.

Flup, mein roter Luftballon

1. Flup, mein roter Luftballon, der will mich immer nekken: Schwebt sacht vorbei, flup ist er fort und spielt mit mir Verstekken.

2. Such ihn hier und such ihn dort
und schau in alle Ecken.
Wie soll ich hier nur eine Spur
vom Luftballon entdecken.

3. Da, die dünne rote Schnur,
das ist sein Lesezeichen!
Grad sehe ich den Luftballon
rund um die Bücher streichen.

4. Flup, der rote Luftballon,
er huscht in die Geschichten
und sammelt heimlich Wort für Wort,
um selber was zu dichten.

5. Flup, schon ist er wieder fort.
Es raschelt in dem Buche.
Nun schreibt er sicher einen Spruch.
Du willst ihn lesen? Suche!

M. u. S.: Franz Möckl

Wenn das M nicht wär erfunden,
wäre manches schief und krumm.
Denn dann hießen Max und Moritz
Ax und Oritz. Das wär dumm.

Wenn das M nicht wär erfunden,
wäre mancher übel dran.
Maximilian, der hieße
plötzlich Axi ilian.

Wenn das M nicht wär erfunden,
wär das ABC nicht voll.
Jede Mama hieße a-a.
Und das wäre gar zu toll.

Doch zum Glück ist es erfunden.
Das ist nützlich! Das ist fein!
Denn nun können kleine Kinder
Mutti oder Mami schrein.

James Krüss

ANNA versteckt sich

ANNA hat sich heute Nacht
ein Versteckspiel ausgedacht:
Das wird lustig, denkt sie, denn
hinter einem Zaun aus N
kann ich gut verschwinden,
keiner wird mich finden!

NNNNNNNNNNNNANNANNNNNNNNNNNN

Doch sie hat sich kaum versteckt,
da hat Karl sie schon entdeckt,
weil man ihre beiden A
durch den N-Zaun deutlich sah.

Hans Georg Lenzen

Margarete, widewete, widewete, widewups, Margarete kriegt nen Schups.

Eins, zwei, drei,

die Henne legt ein Ei.

Und gibt die Henne nicht gut acht,

dann bricht das Ei entzwei.

Das Huhn auf dem Riff
es legte ein Ei.
Das Ei fiel wohl tief,
doch es sprang nicht entzwei.
Es hüpfte nur heiter
ein kleines Stück weiter.

Janosch

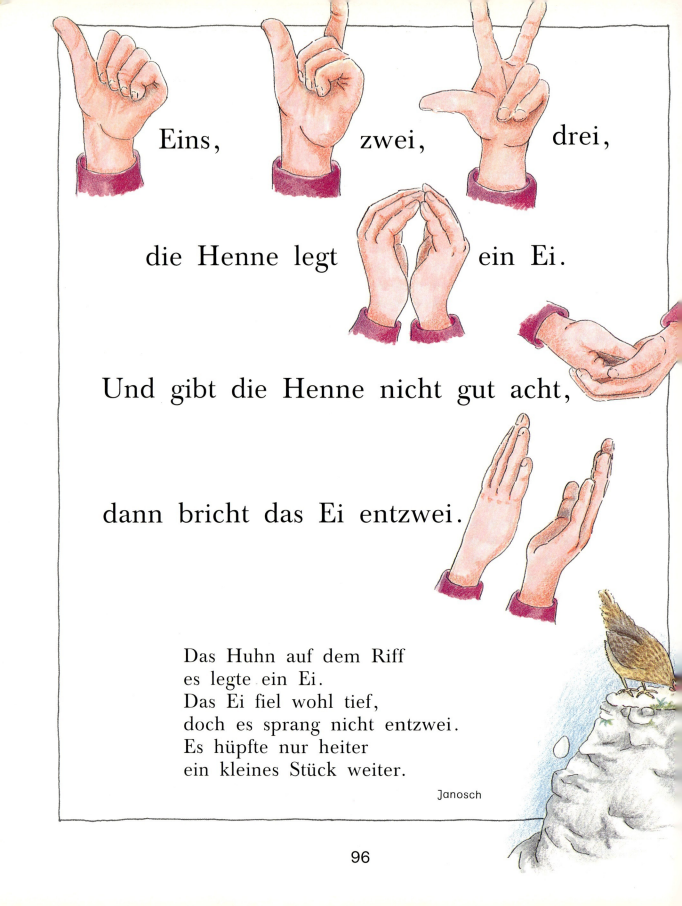

*Es war einmal ein Mann,
mein Märchen fängt an,
der hat 'ne arme Hütte,
das Märchen ist in der Mitte,
der hat ein kleines Haus,
nun ist mein Märchen aus.*

Beinahegeschichte

Eine Geschichte wollte werden. Aber es
passierte nichts.
Da öffnete sich die Tür, und einer kam
jammernd und zeternd herein: Nein, nein,
ich küsse kein Nashorn. Außerdem geht
das gar nicht.

Ist das nun eine Geschichte oder nicht?

Jürgen Spohn

Sprach der Herr Dienstag

Guten Tag, Herr Montag,
sprach der Herr Dienstag.
Sagen Sie Herrn Mittwoch,
er soll am Donnerstag
zu Herrn Freitag gehen
und ihn fragen,
ob Herr Samstag
am Sonntag zum Mittagessen kommt.

Rätsel raten

An einer Schnur da hält's das Kind,
und in die Höhe trägt's der Wind,
meist ist es eckig, manchmal rund,
hängt an der Leine wie ein Hund.

Jch habe vier Beine
und laufe nicht fort.
Du findest mich immer
am gleichen Ort.
Hab viele Federn
und flieg nie hinaus.
Komme zu mir
und ruhe dich aus!

Kennst du

eine Birne, die du nicht essen kannst?

einen Nagel, den du immer bei dir hast?

Kätzchen, die nicht kratzen?

ein Haus, in das du nicht gehen kannst?

ein Glöckchen das nicht läuten kann?

etwas, das über das Wasser geht und nicht naß wird?

Ein lustiges Spiel

Erkläre es!

Rezept für Müsli

Das brauchst du:

vier Eßlöffel Haferflocken,
eine Tasse Milch,
eine Mandarine,
eine halbe Banane,
einen Eßlöffel gehackte Nüsse.

Das mußt du tun:

① Gib die Haferflocken in einen Teller!

② Gieße die Milch darüber!

③ Schneide die Banane in Scheiben, und zerteile die Mandarine!

④ Mische beides mit den Haferflocken!

⑤ Streue die gehackten Nüsse über das Müsli!

Guten Appetit!

Du hast hoffentlich die Banane und die Mandarine geschält?

Peter sucht sich eine Uhr aus

Peter gefällt die und die da und diese. Aber dann nimmt er die mit dem weißen Zifferblatt und den schwarzen Zeigern. Der Stundenzeiger ist kurz und dick. Der Minutenzeiger ist lang. Aber er hat auch einen kleinen Bauch. Die Ziffern von 1 bis 12 sind gut zu lesen. Auch sie sind schwarz. „Schau, hier mußt du sie jeden Tag aufziehen", sagt die Verkäuferin. „Und was für ein Armband möchtest du?" „Ein rotes", sagt Peter. Nun weißt du sicher, welche Uhr die Verkäuferin für Peter einpackt.

Wie sich Toby wäscht

Eine Schallgeschichte

Das ist Toby Tatze.
Toby wäscht sich nicht, weil er das nicht mag.
Zähneputzen mag er auch nicht.
Kaum ist er im Bad, verriegelt er die Tür.
Er dreht das Wasser an und macht seinen
Waschlappen naß.
Dann reibt er seine Zahnbürste am Waschbecken.
„Nur für den Fall, daß Mutter Schnüffelnase lauscht",
denkt Toby.
Danach läßt er sich gemütlich nieder und schmökert
in Comic-Heften. Die hat er hinter der Wanne
versteckt.
„Frühstück ist fertig, Schätzchen", tönt es zum
achten oder neunten Mal aus der Küche.

Tomi Ungerer

Wenn du wüßtest, Mutter Tatze!

Die laufende Nase

Meister Eder: Wenn du in die Pfützen steigst, bekommst du Schnupfen.
Pumuckl: Was ist ein Schnupfen?
Meister Eder: Ein Schnupfen ist etwas Abscheuliches. Man muß niesen, und die Nase fängt zu laufen an.
Pumuckl: Eine Nase kann gar nicht laufen. Sie hat keine Beine. Sie ist festgewachsen.
(Pumuckl zerrt an seiner Nase)
Schau nur, wie sie festgewachsen ist.
Meister Eder: Aber sie läuft trotzdem.
Pumuckl: Nein, nein, das ist nicht wahr! Sonst hätte ich doch schon eine Kindernase herumlaufen sehen, denn alle Kinder steigen in Pfützen und werden naß.

Meister Eder: Trotzdem rate ich dir, steige nicht in Pfützen!
Pumuckl: Du wirst sehen, meine Nase läuft nicht.
Sie bleibt, wo sie ist.

(Pumuckl springt draußen herum, kommt naß herein und friert)
Pumuckl: Oh, oh, mein Hals!
Oh, oh, mein Kopf!

(Meister Eder fühlt Pumuckls Stirn)
Meister Eder: Glühend heiß bist du!
Pumuckl: Nein, nein, mir ist kalt, ganz kalt.
Schau, wie ich zittere.
Meister Eder: Das ist Fieber. Du mußt sofort ins Bett.
Pumuckl: Ich will aber nicht ins Bett.
Hatschi! Hatschi!
Meister Eder: Da nimm das Taschentuch. Das ist gegen die
laufende Nase.
Pumuckl: Nein! Sie läuft nicht.

(Pumuckl wickelt sich das Taschentuch um den ganzen Kopf)
Pumuckl: Liebe Nase, lauf mir nicht davon!

nach Ellis Kaut

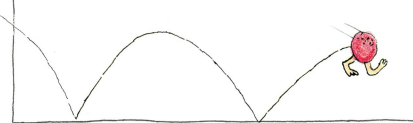

Pitsch! Patsch! Klitsch! Klatsch!

Horch, was ist denn das?
„Pitsch! Patsch! Klitsch! Klatsch!"
Dicke, große Regentropfen
klatschen an die Scheibe.

Horch, was ist denn das?
„Kommt zu uns! Kommt zu uns!"
rufen die Blumen.
„Pitsch! Patsch! Klitsch! Klatsch!"
singen die Tropfen.

Horch, was ist denn das?
„Wasser! Wasser! Jch hab so Durst!"
ruft der Baum.
„Pitsch! Patsch! Klitsch! Klatsch!"
rufen die Tropfen.

Horch, was ist denn das?
„Wasser! Wasser! Jch bin so dünn!"
ruft der Bach.
„Pitsch! Patsch! Klitsch! Klatsch!"
trommeln die Tropfen.

Sie singen und rufen und trommeln.
Pitsch! Patsch!
Klitsch! Klatsch!
Patsch! Klatsch!
Pitsch! Klitsch!

**Wer denn?
Was denn?**

Hui, wie sie springen
und
rennen
und
rinnen
und
flitzen
und
blitzen,
die großen
und
kleinen,
die dicken
und
dünnen!
Ho, ho, wie sie hopsen
und
klopfen
und
tropfen!
Ha, hi, wie sie trippeln
und
trappeln
und
kribbeln
und krabbeln!
Hu, hu, wie sie murren
und
brummen
und
summen
auf der spiegelglatten
Fensterscheibe!

Blitze machen den Himmel weiß,
Donner rumpelt und knallt,
Sturmwind biegt den Baum!

Der große Hund hat Angst,
er jault, er zittert.
Da nehme ich den großen Hund
ganz fest in meine Arme.

Der Hund, der große Hund,
nun hat er keine Angst mehr.

Ursula Wölfel

DER REGENBOGEN

Ein Regenbogen,
komm und schau!
Rot und orange,
gelb, grün und blau!

So herrliche Farben
kann keiner bezahlen,
sie über den halben
Himmel zu malen.

Ihn malte die Sonne
mit goldener Hand
auf eine wandernde
Regenwand.

Josef Guggenmos

Die Geschichte vom schönen neuen Schmetterling

Einmal ist ein Schmetterling aus der Mauer gekrochen,
ein ganz neuer Schmetterling.
Er hatte wunderschöne bunte Flügel.
Aber er ist nicht fortgeflogen.
Der neue Schmetterling hatte Angst vor dem Fliegen.
Seine schönen Flügel haben gezittert.
Er hat die Fühler an seinem Kopf weit ausgestreckt.
Mit den Beinen hat er sich an der Mauer festgehalten.
Aber da ist der Wind gekommen.
Er hat den schönen neuen Schmetterling einfach
aufgehoben und hoch in die Luft getragen.
Da mußte der Schmetterling fliegen.
Da konnte er auf einmal fliegen,
und da wollte er nur noch fliegen und fliegen,
so herrlich war das!

Ursula Wölfel

Die Pusteblume

Diese Blume hat drei Namen.
Sie heißt Maiblume
    oder Kuhblume
    oder Pusteblume.

Maiblume heißt sie, weil sie schon im Mai blüht.
Kuhblume heißt sie, weil die Kühe sie fressen.

Und Pusteblume?
    Wenn ihre gelben Sterne abgeblüht sind,
    bleibt ein kleines Polster auf dem hohlen
    Stengel. In dem Polster stecken die Samen.
    Jeder Samen hat einen luftigen Schirm
    zum Fliegen. Wenn der Wind sie hochpustet,
    dann schweben lauter winzige Fallschirme
    durch die Luft.
    Wo sie landen, wächst eine neue Pusteblume.

                                 Mira Lobe

Löwenzahn

Löwenzahn, Löwenzahn,
wirst mich doch nicht beißen?
Hast noch keinem wehgetan,
willst ja nur so heißen!

Löwenzahn, Löwenzahn,
mit dem goldnen Kranze,
schaust hinauf zur Sonnenbahn,
blühst in ihrem Glanze.

Löwenzahn, Löwenzahn,
Licht im grünen Grase,
leuchtest auf dem Wiesenplan,
bis ich aus dich blase.

Karl Arnold

Kinder machen sich für die Umwelt stark

Luftballons: Schön festhalten! Luftballons! Groß und glänzend, hüpfend und springend. Fabelhaft! Da, jetzt hat sich einer losgerissen. Er fliegt hoch in den Himmel, wird kleiner und immer kleiner. Und auf einmal ist er weg. Na, nicht ganz. So nach und nach verliert der Ballon sein Gas. Dann wird er schwerer und schwerer und sackt auf die Erde zurück. Und gerade das ist gefährlich für Vögel und andere Tiere. Sie denken, so ein Ballon ist was zum Fressen. Der Luftballon kann einem Tier den ganzen Magen verstopfen. Und dann stirbt es.

Was du tun kannst:

Laß keine Luftballons fliegen! Binde sie fest, am Schuhband, an der Armbanduhr oder sonstwo. Sag den Leuten, die Luftballons fliegen lassen wollen, wie gefährlich das für viele Tiere ist. Die meisten Leute wissen das gar nicht.

The EarthWorks Group

Das Bäumchen

Am Rande eines Weges hatten Kinder ein Bäumchen gepflanzt. Es war zwar noch klein; aber es hatte schon seine Wurzeln ins Erdreich geschlagen und wurde größer.

Eines Tages kamen die Kinder, die es gepflanzt hatten, vorüber. „Seht nur, wie schade", sagten sie. „Ob hier keine Bäume wachsen können?"

Bruder der Tiere

Es war einmal ein kleiner Indianerjunge, der ging in den Wald und fand den Weg nach Hause nicht mehr. Viele Tage irrte er umher und geriet immer tiefer hinein. Er aß Wurzeln und Beeren und trank aus Quellen und Bächen. Nachts schlief er im Moos.

Es wurde Winter und bitterkalt. Das Wasser fror zu Eis, die Erde wurde steinhart. Schnee fiel und hüllte alles ein. Der Indianerjunge fand nichts mehr zu essen. Er hatte kein Feuer, um sich daran zu wärmen. Da setzte er sich in den Schnee und weinte. Die Tiere des Waldes sahen ihn und sagten voll Mitleid: „Wenn wir ihm nicht helfen, wird er verhungern und erfrieren. Was sollen wir tun?"
„Ich will den Jungen in meine Höhle nehmen", sagte der braune Bär. „Dort hat er es warm."
„Wir wollen für ihn jagen und ihm zu essen bringen",

„Wir wollen für ihn jagen und ihm zu essen bringen", sagten der Wolf und der Fuchs, der Luchs und die wilde Katze, der Marder und das Wiesel.
„Ich will für ihn Fische fangen", sagte der Fischotter.
„Ich bringe ihm Nüsse", sagte das Eichhörnchen.

Der Bär nahm den Indianerjungen in seine Höhle. Die Höhle war so tief in der Erde, daß die Kälte nicht hineindringen konnte. Der Indianerjunge kuschelte sich an den Pelz des Bären und hatte es weich und warm.
Jeden Tag jagte ein anderes Tier für den kleinen Indianer. An einem Tag kam der Wolf und brachte Fleisch. Am nächsten Tag kam der Fuchs und brachte Fleisch. Dann kamen der Luchs und die wilde Katze, der Marder und das Wiesel.
Der Fischotter fing Fische.
Das Eichhörnchen brachte Nüsse.

Als es Frühling wurde, sandten die Tiere den Raben aus, die Eltern des kleinen Indianers zu suchen. Der Rabe flog über den Wald, hierhin und dorthin. Endlich fand er das Zelt, in dem die Eltern des Jungen lebten.

Da flog der Rabe zurück, und die Tiere führten den Indianerjungen durch den Wald heim. Sobald sie das Zelt zwischen den Baumstämmen erblickten, blieben sie stehen, und der Bär sagte:
„Im Winter, als du allein warst, haben wir dir Essen und Wärme gegeben. Nun sind wir deine Brüder. Vergiß das nicht."
Die Tiere kehrten in den Wald zurück. Der Indianerjunge ging zu seiner Familie.
Solange er lebte, vergaß er nicht, daß die Tiere seine Brüder waren.

indianisches Märchen, erzählt von Friedl Hofbauer

Hänsel und Gretel

Hänsel und Gretel verliefen sich im Wald,
es war so finster
und auch so grimmig kalt.
Sie kamen an ein Häuschen
von Pfefferkuchen fein.
Wer mag der Herr wohl
von diesem Häuschen sein?

Hänsel und Gretel, die fragten nicht danach,
sie hatten großen Hunger
und knabberten vom Dach,
sie brachen aus dem Fenster
die Zuckerscheiben aus.
Die Tür aus Schokolade
war auch ein feiner Schmaus.

Hänsel und Gretel, die aßen auf die Tür,
da kam ein altes Weiblein
wohl aus dem Haus herfür.
Knusper, knusper knäuschen,
das alte Weiblein sprach,
ihr eßt ja mein Zuhäuschen
vom Keller bis zum Dach.

Hänsel und Gretel erschraken beide sehr,
das arme alte Weiblein
hat jetzt kein Häuschen mehr.
Durch die kaputten Fenster,
da bläst der kalte Wind,
drauf reiten wohl Gespenster,
die nicht aus Zucker sind.

Hänsel und Gretel
   erschraken allzusehr,
da sprach das alte Weiblein:
Nun fürchtet euch nicht mehr.
Hänsel, heiz den Ofen,
und Gretel, knet das Brot!
Wir backen neue Wände,
sonst frieren wir uns tot.

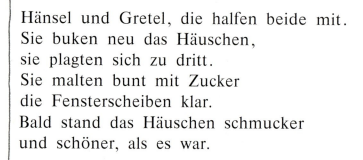

Hänsel und Gretel, die halfen beide mit.
Sie buken neu das Häuschen,
sie plagten sich zu dritt.
Sie malten bunt mit Zucker
die Fensterscheiben klar.
Bald stand das Häuschen schmucker
und schöner, als es war.

Hänsel und Gretel, die freuten sich gar sehr.
Das Weiblein drin im Häuschen,
das freute sich noch mehr.
Und damit ist das Märchen
von Hans und Gretel aus.
Wer's kann, der backt jetzt selber
ein kleines Knusperhaus.

Friedl Hofbauer

Das Rübenziehen
Ein Märchen, zu dem ihr die Musik und die Geräusche machen könnt

Väterchen geht auf das Feld.

Väterchen sät Rüben.

Die Rüben wachsen und wachsen...

Väterchen will eine Rübe herausziehen. Er zieht und zieht und kann sie nicht herausziehen.

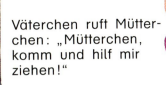
Väterchen ruft Mütterchen: „Mütterchen, komm und hilf mir ziehen!"

Kommt das Mütterchen.

Mütterchen zieht Väterchen. Väterchen zieht die Rübe, sie ziehen und ziehen und können sie nicht herausziehen.

Mütterchen ruft Kindchen:
„Kindchen, komm und
hilf uns ziehen!"

Kommt das Kindchen.

Kindchen zieht Mütterchen,
Mütterchen zieht Väterchen,
Väterchen zieht die Rübe,
sie ziehen und ziehen
und können sie nicht
herausziehen.

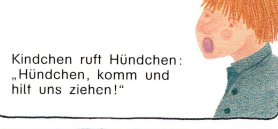

Kindchen ruft Hündchen:
„Hündchen, komm und
hilf uns ziehen!"

Kommt das Hündchen.

Hündchen ruft Hähnchen:
„Hähnchen, komm und
hilf uns ziehen!"

Hündchen zieht Kindchen,
Kindchen zieht Mütterchen,
Mütterchen zieht Väterchen,
Väterchen zieht die Rübe,
sie ziehen und ziehen
und können sie nicht
herausziehen.

Kommt das Hähnchen.

Hähnchen zieht Hündchen,
Hündchen zieht Kindchen,
Kindchen zieht Mütterchen,
Mütterchen zieht Väterchen,
Väterchen zieht die Rübe,
sie ziehen und ziehen
und können sie nicht
herausziehen.

Hähnchen ruft Hühnchen:
„Hühnchen, komm und
hilf uns ziehen!"

Kommt das Hühnchen.

Hühnchen zieht Hähnchen,
Hähnchen zieht Hündchen,
Hündchen zieht Kindchen,
Kindchen zieht Mütterchen,
Mütterchen zieht Väterchen,
Väterchen zieht die Rübe,
sie ziehen und ziehen –
flup, ist die Rübe heraus!

Alle gehn vergnügt nach Haus.

Margit Möckl nach einem russischen Märchen

Neues aus der Welt
Neueres aus der Schule

Die Milchkuh ist ein Automat

In der Pause gibt es frische Milch. Die Kinder füllen sie selbst ab. In die kleinen Flaschen paßt eine große Tasse Milch. Zu Hause werden die Flaschen gespült. In manchen Schulen gibt es aber schon Spülmaschinen, die die Flaschen reinigen.

Schnecke schafft halben Meter in 15 Minuten

Die Schnecke mit der Startnummer zwei glitt als erste ins Ziel. Woher kommen die edlen Rennschnecken mit ihren graubraunen Häusern? Sie werden eine Woche vor dem Schneckenrennen im Wald gesucht und dann trainiert. Um sie auf Trab zu bringen, wird die Rennbahn mit Wasser und Wein angefeuchtet. „Das mögen sie", sagt der Schneckentrainer. Am Tag des Rennens dürfen sie nichts fressen, denn „eine satte Schnecke läuft nicht". Nach dem Rennen werden die Schnecken wieder in den Wald gebracht.

Die Siegerin geht ins Ziel beim Weinbergschneckenrennen in Osenbach.

Inhaltsverzeichnis

Lautzeichen Satzzeichen	Fibelgeschichten		Ganzwörter
	Erster Schultag	3	Tom und Tina
	Viele Zeichen auf dem Weg nach Hause	4	
O o	Etwas Rotes wirbelt ins Zimmer	5	Oma, ein
	Der Luftballon wird aufgeblasen	6	
	Der Luftballon geistert durchs Zimmer	7	ich bin Flup
	Der rote Luftballon stellt sich vor	8	
M m	Tina hat genascht	9	ruft, Mama
	Springt da was Rotes ...	10	Hans, Uta
A a	Gegenstände erraten	11	das ist, Apfel
	Wo ist Flup?	12	wo
	Momo hilft kranken Tieren	13	
I i	Flup hat Angst und findet Freunde	14	Igel
	Verstecken spielen	15	
T t : .	Noch mehr Gäste zum Geburtstag	16	kommt, Evi
, !	Die Reise nach Jerusalem	17	
	Ein Abenteuer mit Tim Feuerschuh	18	
E e	Evi und Tina lesen	19	der Esel, lesen, da
	Fernsehen: Tomito und der Esel Emma	20	
?	Wo ist der Esel?	21	dem
U u	Flup auf dem Wochenmarkt	22	Suse, rufen
	Die Feuerwehr hilft	23	
R r	Vorsicht! Die Ampel zeigt Rot	24	nicht
	Maria hatte einen Unfall	25	
P p	Verkehrsspiel	26	keine Ampel
	Ein Abenteuer von Pu Bär	27	
H h	Drachensteigen	28	einen
	Flup räumt auf	29	
L l	Am Telefon	30	komme, kommen
	Herr Toller schimpft	31	einem roten
S s	Herr Toller braucht Hilfe	32	
	So ein Durcheinander!	33	in, die, den
F f	Herrn Tollers Hund wird ausgeführt	34	
	Fotos mit Fips	35	gehen
Ei ei	Flup reitet	36	auf
	Reiterreime	37	
N n	So ein Nebel!	38	Nebel
K k	Pakete packen	40	für
	Die vertauschten Pakete	41	
Au au	Im Spielzeugladen	42	
	In der Buchhandlung	44	
B b	Flup im Park	45	
	Die Wintersachen sind zu klein	46	zu
W w	Versandhaus-Katalog	47	
	Flup macht Werbung	48	
ch	Einen Apfelwicht basteln	49	
	Wochenblatt-Kinderseite	50	
Sch sch	Wo ist die Flasche?	51	

Lautzeichen Satzzeichen	Fibelgeschichten	
St st	Maria staubt ab	52
ie	Tiere aus Lappen	53
	Wie die Tiere toben	54
ß	Wo die wilden Kerle wohnen	55
D d	Die sind wie die wilden Drachen!	56
	Das Wilde-Drachen-Spiel	57
G g	Es ist glatt!	58
	Was sagen die da oben auf dem Ast?	59
Ä ä	Schau dir den Ärmel an!	60
ck	Was ist denn da drinnen los?	61
	Nußknacker und Puppe	62
ng	Der kleine Engel	63
V v	Vögel beobachten	64
	Die Rettung	65
Z z	Zirkuszauber	66
Y y	Eine Party bei Tom und Tina	68
X x	Flup faxt mit dem Telefax	69
	Die kleine Hexe	70
Ü ü	Küchen-Hexereien	71
Eu eu	Das Zimmer sieht heute ganz anders aus	72
Pf pf	Die Pflanze trinkt und trinkt	73
-h-	Beinahe zu spät!	74
Ö ö	Der Bösewicht – Theaterprobe bei Tom und Tina	75
Qu qu	Tina hat sich versprochen	76
Ch	Nur noch ein bißchen fernsehen	77
tz	Warum kratzt und faucht Mori?	78
J j	Warum jault und jammert Fips?	79
	Was ist los, Fips?	80
Äu äu	Ich heiße: schwarze Äuglein	81
Sp sp	Ärger auf dem Spielplatz	82
C c	Der Umwelt-Engel greift ein	83
ai	Das Fest im Hof	84
	Das schwebende ABC	85

Besondere Tage im Jahr

Laternen	86
Was braucht der Schneemann?	87
Die kleine Schneefrau	88
Frohes Fest!	89
Suchen und Finden	90
Spring heraus, Hase!	91
Etwas Schönes für eine Mark	92

Jetzt kann ich alles lesen

Lustige Reime, Sachen zum Machen und Sachen zum Lachen

Flup, mein roter Luftballon	93
Wenn das M nicht wär erfunden	94
Anna versteckt sich	95
Margarete, widewete	95
Eins, zwei, drei	96
Das Huhn auf dem Riff	96
Es war einmal	97
Beinahegeschichte	97
Sprach der Herr Dienstag	97
Rätsel	98
Ein lustiges Spiel	99
Rezept für Müsli	100
Vanille-Pudding	101
Peter sucht sich eine Uhr aus	102
Wie sich Toby wäscht	103
Die laufende Nase	104

Bei Regen und Sonnenschein

Pitsch! Patsch! Klitsch! Klatsch!	106
Regentropfen	107
Wer denn? Was denn?	108
Blitze machen den Himmel weiß	109
Der Regenbogen	109
Die Geschichte vom schönen neuen Schmetterling	110
Die Pusteblume	111
Löwenzahn	112
Kinder machen sich für die Umwelt stark	113
Das Bäumchen	114

Märchen

Bruder der Tiere	115
Hänsel und Gretel	117
Das Rübenziehen	119

Aus der Zeitung

Die Milchkuh ist ein Automat	122
Schnecke schafft halben Meter in 15 Minuten	123

Quellenverzeichnis

Karl Arnold, Löwenzahn; aus: Gebete, Gedichte, Sprüche und Rätsel. Hrsg. v. K. Halfar. Bayerischer Schulbuch-Verlag, München 1970 (S. 112)

Josef Guggenmos, Der Regenbogen; aus: Was denkt die Maus am Donnerstag? Georg Bitter Verlag, Recklinghausen 1985 (S. 109)

Friedl Hofbauer, Bruder der Tiere; Hänsel und Gretel; aus: 99 Minutenmärchen. Herder Verlag, Wien, Freiburg, Basel 1982 (S. 115, 117)

Janosch, Das Huhn auf dem Riff; aus: Das große Buch vom Schabernack. Diogenes Verlag, Zürich 1990 (S. 96)

Ellis Kaut, Die laufende Nase; aus: Immer dieser Pumuckl. Herold Verlag, Stuttgart 1970 (S. 104)

Petra Klingbeil, Schnecke schafft halben Meter in 15 Minuten; aus: Süddeutsche Zeitung 5.6.91 (S.123)

James Krüss, Wenn das M nicht wär erfunden; aus: Bienchen, Trinchen, Karolinchen. Boje Verlag, Stuttgart 1968 (S. 94).

Hans Georg Lenzen, Anna versteckt sich; aus: Hasen hoppeln über Roggenstoppeln. Bertelsmann Jugendbuch-Verlag, Gütersloh 1972 (S.95)

Mira Lobe, Die Pusteblume; aus: Meine kleine Welt. Verlag Carl Ueberreuter, Wien, Heidelberg 1966 (S.111)

Franz Möckl (Musik)/Erika Zahn (Text), Flup, mein roter Luftballon. Originalbeitrag © Franz Möckl/Erika Zahn (S. 93)

Margit Möckl, Das Rübenziehen; aus: Musik überall (1/2 B), Bayerischer Schulbuch-Verlag, München 1990 (S.119)

Otfried Preußler, Die kleine Hexe; aus: Die kleine Hexe. K.Thienemanns Verlag, Stuttgart, Wien 1957 (S.70)

Jürgen Spohn, Beinahegeschichte; aus: ACH SO. Ganzkurzgeschichten und Wünschelbilder. C. Bertelsmann Verlag, München 1982 (S. 97)

The Earthworks Group, Kinder machen sich für die Umwelt stark; aus: Kinder machen 50 starke Sachen, damit die Umwelt nicht umfällt. Deutsche Textbearbeitung von Burghard Bartos. Carlsen Verlag, Hamburg 1990 (S.113)

Tomi Ungerer, Wie sich Toby wäscht; aus: Kein Kuß für Mutter. Aus dem Amerikanischen von A. von Cramer-Klett. Diogenes Verlag AG, Zürich 1974 (S.103)

Ursula Wölfel, Blitze machen den Himmel weiß; aus: 25 winzige Geschichten. Hoch-Verlag, Stuttgart 1986 (S.109). Die Geschichte vom schönen neuen Schmetterling; aus: Siebenundzwanzig Suppengeschichten. Hoch-Verlag, Düsseldorf 1969 (S.110).

Unbekannte Verfasser:
Das Bäumchen; aus: Bei uns in der Stadt. Verlag Volk und Wissen, Berlin 1963 (S.114)
Die Milchkuh ist ein Automat; aus: Süddeutsche Zeitung 5.12.90 (S.122)

Originalbeiträge:
Springt da was Rotes; Flup kauft ein Buch; Laternen; Was braucht der Schneemann?; Die kleine Schneefrau; Frohes Fest; Suchen und Finden; Etwas Schönes für eine Mark; Flup, mein roter Luftballon; Wer denn? Was denn? (S. 10, 44, 86, 87, 88, 89, 90, 92, 93, 108) © Erika Zahn, München
Rezept für Müsli; Peter sucht sich eine Uhr aus; Pitsch! Patsch! Klitsch! Klatsch! (S.100, 102, 106) © Isolde Wölker, Emmering bei München

Abbildungsnachweis

S. 44 Isolde Schmitt-Menzel, Lachgeschichte mit der Maus. München 1992 (Originalbeitrag)
S. 55 Maurice Sendak, Wo die wilden Kerle wohnen. Diogenes Verlag, Zürich 1967
S. 57 Gunnar Matysiak, Das Wilde-Drachen-Spiel © Gunnar Matysiak, Holzolling 1991
S. 61 Die Verwendung der Figur „Donald Duck" wurde freundlich genehmigt von The World Disney Company (Germany)
S. 63, 65 Jean Effel, Der Kleine Engel. Rowohlt Verlag, Reinbek 1971
S. 69, 70 Winnie Gebhardt-Gayler, aus: Die kleine Hexe. K.Thienemanns Verlag, Stuttgart 1973
S. 73 Tom Wilson, Ziggy läßt die Blumen blühen, aus: Ziggy © (1982) Ziggy & Friends. Reprinted with Permission of Universal Press Syndicate. All rights reserved.
S. 87, 96 Christina Klotz, München
S. 91 Felix Zahn, München
S. 99 M. Elbert/K. Reichelmeier, aus: Sportkartei 1./2. Bd. III. pb-Verlag, Puchheim 1990
S. 103 Tomi Ungerer, aus: Kein Kuß für Mutter. Diogenes Verlag, Zürich 1974
S. 104 Barbara v. Johnson
S. 122 deltapress 1990
S. 123 dpa 1991